COMUNÍCATE POR ESCRITO DE FORMA EFICAZ

Las claves para una comunicación escrita efectiva

Por Florence Schandeler

Traducido por Laura Soler Pinson

Coaching en50MINUTOS.es

LAS CLAVES PARA EL ÉXITO

LA COMUNICACIÓN ESCRITA   1

EL ABECÉ DEL REDACTOR INSPIRADO   3

Escribir para comunicar
Atreverse a lanzarse
Estructura y escritura
Algunos casos concretos

LOS MEJORES CONSEJOS   18

PREGUNTAS FRECUENTES   21

¿Cómo luchar contra la angustia de la página en blanco?

¿Qué tipo de escritos encontramos en el mundo de la empresa?

¿Cómo definir el objetivo de mi texto?

¿Cómo asegurarme de que mi documento contiene toda la información necesaria?

¿Cómo formular un argumento?

¿Cómo destacar las ideas clave de mi texto?

¿Cómo y por qué ser conciso en mi redacción?

¿Qué herramientas de referencia utilizar para mi redacción?

¿Cómo releer de manera eficaz mi documento?

¡AHORA ES TU TURNO!   30

Lista de puntos para una buena redacción
Compendio que debes guardar al alcance de la mano
Ejercicios de reformulación

LA COMUNICACIÓN ESCRITA

- **¿Problemática?** ¿Cómo comunicar por escrito de forma eficaz para transmitir información y hacerse entender por el mayor número de personas posible?
- **¿Utilidad?** Lograr formular tus ideas o el resultado de tus búsquedas y divulgarlas de manera clara y eficaz. Mejorar la comunicación interna y externa de tu empresa.
- **¿Contexto profesional?** Comunicación, relación profesional, capacidades de redacción.
- **¿Preguntas frecuentes?**
  - ¿Cómo luchar contra la angustia de la página en blanco?
  - ¿Qué tipo de escritos encontramos en el mundo de la empresa?
  - ¿Cómo definir el objetivo de mi texto?
  - ¿Cómo asegurarme de que mi documento contiene toda la información necesaria?
  - ¿Cómo formular un argumento?
  - ¿Cómo destacar las ideas clave de mi texto?
  - ¿Cómo y por qué ser conciso en mi redacción?
  - ¿Qué herramientas de referencia utilizar para mi redacción?
  - ¿Cómo releer de manera eficaz mi documento?

«Lo que se concibe bien se enuncia claramente y las palabras para decirlo llegan con facilidad» repiten al unísono los filólogos y los profesores de letras citando a Nicolás Boileau (escritor francés, 1636-1711). Sin embargo, ya habrás constatado que a menudo nos faltan las palabras cuando se trata de poner por escrito nuestras ideas. La angustia de la página en blanco no es cosa de ayer y no solo afecta a los escritores. Aunque redactar un informe o un correo electrónico no tiene nada que ver con el arte, no cabe duda de que sigue siendo un duro ejercicio que exige concentración y entrenamiento.

En este pequeño libro te proponemos un análisis exhaustivo de todas las facetas de la comunicación escrita para tener en cuenta más específicamente sus objetivos y sus modalidades. Hablaremos acerca de los retos y de la complejidad de la escritura, de la dificultad de empezar a redactar y te presentaremos herramientas concretas para estructurar tus textos y transmitir tus ideas de manera eficaz.

EL ABECÉ DEL REDACTOR INSPIRADO

ESCRIBIR PARA COMUNICAR

La transmisión de un mensaje

Roman Jakobson (lingüista ruso, 1896-1982) estableció un esquema que retomaba los elementos que conforman todo acto de comunicación.

Esquema de Jakobson

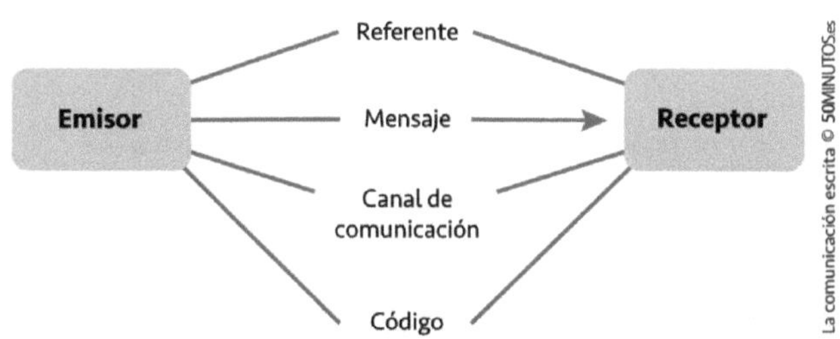

- **El mensaje** es el objeto de la comunicación, el emisor lo transmite al receptor.
- **El emisor** es la persona que envía el mensaje.
- **El receptor** es aquel a quien va destinado el mensaje.
- **El canal de comunicación** es la vía empleada para transmitir el mensaje (nuestros sentidos: oído, vista, etc.).
- **El código** se define como el conjunto de signos y normas que permiten la producción y la transmisión eficaz de mensajes. En nuestro caso, se trata de la lengua española. Citaremos, entre otros, el código de circulación o la lengua de signos. Por lo tanto, para que emisor y receptor

se entiendan, tienen que compartir un código común.

- **El referente** es la parte tangible de la comunicación. Es el contexto en el que se emite el mensaje. Está conformado por los objetos reales, la situación, las personas, etc.

Según el modelo de Jakobson, se deben tomar en cuenta varios parámetros cuando transmitimos un mensaje. Primero, para no mantener un diálogo de besugos, tanto el emisor como el receptor deben querer comunicarse: el primero codificará el mensaje, mientras que el segundo lo descodificará. A continuación, para entenderse, tendrán que emplear el mismo código, es decir, hablar la misma lengua y conocer los términos y las expresiones utilizados.

Retos y obstáculos de la comunicación escrita

En la comunicación escrita, no es obligatorio que destinador y destinatario estén físicamente presentes. Eso significa que se elimina toda comunicación no verbal (o *body language*) que, con los gestos y con la entonación, participa en la transmisión del mensaje oral. Así, el receptor de un mensaje escrito no detectará de manera instantánea las marcas de humor o el carácter irónico de una idea. De esta manera, las palabras, que solo transmiten el mensaje, cobran una importancia considerable: tienen que ser lo suficientemente precisas para poder comunicar un mensaje que se baste por sí solo. El escrito obliga al emisor a ser claro y directo en su comunicación y no le da derecho al error.

Redactar documentos profesionales claros y productivos es una ventaja nada despreciable para ti y tu empresa. Esta competencia puede ayudarte a:

- mejorar la comunicación externa e interna de la compañía;
- ganar en eficacia, que se traduce por un ahorro de tiempo y de dinero;
- fidelizar al cliente. Si tus textos, que se convierten en el reflejo de la empresa, parecen comprensibles y explícitos, el cliente te otorgará más fácilmente su confianza.

Adaptarse al lector

Hemos visto que, para comunicar, hay que compartir un mismo código y hablar una misma lengua, tanto en el sentido propio como en el sentido figurado; por ejemplo, el lenguaje del médico no es el mismo que el de su paciente, por lo que se preocupará por vulgarizar sus ideas. El entorno social, la cultura, los estudios y nuestra vida profesional determinan nuestra forma de expresarnos y nuestro vocabulario. Para comunicarnos de manera eficaz, primero debemos asegurarnos de que la persona que tenemos enfrente nos entiende.

Este consejo puede aplicarse a todos los documentos profesionales, ya sea un correo electrónico, una síntesis, un prospecto o un informe de una reunión: ponte sistemáticamente en la piel de tu receptor antes de empezar a redactar. Si te diriges a alguien que no tiene los mismos conocimientos técnicos que tú, haz el esfuerzo de adaptar tu vocabulario. Si este último necesita recurrir al diccionario en varias ocasiones para descifrar tu mensaje, es muy probable que acabe por desanimarse o por no comprenderte totalmente. Por ejemplo, si se debe dirigir un comunicado a todos los empleados de una misma empresa, el emisor intentará redactarlo en la jerga del sector. Sin embargo, si este mismo emisor redacta un prospecto o un folleto destinado a futuros clientes, adaptará el vocabulario empleado para englobar a un público de no iniciados.

¿Qué soporte para qué objetivo?

El alegato, el prospecto promocional, el informe de una reunión, el correo electrónico profesional, etc., son escritos que difieren no solo por su forma, sino también por sus intenciones: persuadir, informar o también enviar una solicitud. Antes de determinar qué soporte vas a utilizar, define tu objetivo de comunicación. Así, si deseas difundir una información en tu empresa, da prioridad al comunicado o al correo electrónico, y redacta unas explicaciones completas. Si deseas avisar al público de un acontecimiento que atañe a tu empresa, da prioridad al prospecto o al comunicado de prensa. Además, si tienes como objetivo convencer a un cliente, utiliza la carta formal y elabora buenos argumentos; si quieres informar, ofrece informaciones completas.

En cualquier caso, una vez que hayas redactado el texto,

relee tu escrito para asegurarte de haber alcanzado tu objetivo de comunicación.

ATREVERSE A LANZARSE

La preparación

No basta con sentarse delante del ordenador para ponerse manos a la obra. Es esencial llevar a cabo un trabajo de preparación para determinar y delimitar el tema que vas a tratar y el objetivo de tu documento: ¿qué información tienes que transmitir? ¿A quién? ¿Por qué? ¿Con qué objetivo? Escribe las respuestas a estas preguntas en una hoja que tendrás a la vista durante la redacción.

Para redactar ciertos tipos de escritos, tendrás que documentarte sobre el tema. Si todavía no has escogido la perspectiva que vas a tomar, analiza la información que existe a través de un motor de búsqueda en internet o consulta una biblioteca universitaria, por ejemplo. Cuando lleves a cabo tus búsquedas, toma notas de las ideas que te parezcan interesantes y resúmelas. Esta información que proviene de distintas fuentes te proporcionará posibles puntos de acceso a la materia. También puedes utilizar métodos de preescritura explicados a continuación.

TÉCNICAS DE PREESCRITURA

- *Brainstorming*: este método de gestión de equipo fue inventado por Alex Osborn (publicista estadounidense, 1888-1966) en los años cuarenta. El *brainstorming* aplicado a la redacción personal consiste en anotar en una página en blanco todo lo que se te venga a la cabeza sobre el tema que pretendes presentar, sin censuras y sin estructurar el pensamiento. La ventaja de este método es que centra toda tu atención en la tarea que vas a efectuar y, además, te permite dejar huella por escrito de todas tus ideas. Podrás ordenarlas a continuación en el transcurso de tu redacción.

- *Mind mapping* o mapa conceptual: esta técnica de cartografía sirve para representar el desarrollo de tu reflexión. Funciona de manera asociativa y el objetivo es anotar en una hoja las palabras clave — en relación con el tema— que te vengan a la mente o que descubras durante tus búsquedas. Una idea lleva a otra, por asociación, y quizás tendrás ganas de explorar y de tratar otras temáticas y nociones relacionados con tu tema inicial.

¿Por dónde empezar?

Tómate tu tiempo para analizar las ideas principales que vas a presentar para determinar las distintas partes que conformarán tu escrito. En este punto, se pueden organizar los datos para destacar las ideas principales y articular a continuación los temas secundarios. Si lo necesitas, estructura tus pensamientos con títulos y subtítulos. Sigue este procedimiento para todos los escritos profesionales: correo electrónico, carta formal, comunicados, informes, etc.

Una vez que hayas definido el plan de escritura, tu texto

parecerá una estantería donde podrás ordenar metódicamente tus datos. A partir de ahí, puedes tratar y clasificar punto por punto la información que has recogido previamente. La elección de tu plan (analítico, comparativo u otro) depende en primer lugar del objetivo de comunicación y del tipo de información que vas a transmitir. Utiliza el plan comparativo en el marco de una comparación de dos puntos de vista divergentes: por ejemplo, ¿a favor o en contra del cambio del horario de oficina? ¿Cuáles son las ventajas y los inconvenientes? Compara las dos opiniones en una tabla para que tus lectores tengan acceso a toda la información y elijan la opción más apropiada. Si deseas establecer una lista con todas las decisiones que resultan de una reunión, es más pertinente que utilices entonces el informe. Podrás retomar las acciones que deben efectuarse y las modalidades para cada una de ellas (personas afectadas, objetivo, lugar y fecha).

ESTRUCTURA Y ESCRITURA

Concebir un plan claro y coherente

Generalmente, un texto, sea profesional o no, tiene una estructura ternaria compuesta por introducción, desarrollo y conclusión. Cada una de estas partes persigue su propio objetivo de comunicación y cubre una cierta cantidad de datos.

La **introducción**	• Presenta el tema • Lo contextualiza (¿por qué podría tener interés este documento para el lector?) • Si es necesario, presenta brevemente los documentos estudiados • Anuncia el plan
El desarrollo	Se centra en el propio mensaje. Está estructurado en distintas partes para presentar al lector los datos en un orden lógico y para responder a las preguntas que este podría hacerse. Está compuesto por: • títulos y subtítulos que permiten ordenar con coherencia los distintos datos inherentes al tema presentado • párrafos. En cada uno se tratan elementos diferentes y complementarios
La **conclusión**	• Establece el balance del debate y repite la información principal • Anuncia una posible apertura (continuación que debe darse a la producción, pregunta sobre el tema que se plantea directamente al lector, etc.)

Errores de estructura que deben evitarse

- **Demasiada información mata la información**. Asegúrate de que transmites únicamente la información necesaria. Por ejemplo, si redactas el informe de las decisiones que se han tomado en la última reunión, no te desvíes hacia el orden del día o hacia los próximos objetivos. Define un objetivo por documento y limítate a él.

- **¿Dónde queda el sujeto?** Es difícil prescindir de pronombres durante la redacción: aligeran el texto y evitan una gran cantidad de repeticiones. Sin embargo, procura no abusar de ellos, puesto que el lector podría perderse. Comprueba que, para cada verbo, el sujeto es perfectamente identificable. No dudes en repetirlo si empiezas un nuevo párrafo o si entre tanto has presentado otra temática.

- **La presentación: ¿un detalle insignificante?** ¡Por supuesto que no! Para retener la atención de tu lector, para que asimile todos los datos que tu documento contiene, dale un respiro. No hay nada que más desanime que un texto sin espacios, sin saltos de línea, sin subtítulos, etc. Utiliza los recursos a tu disposición para crear un texto más atractivo (presentación, fuentes, diferencias de tipografía).
- **¡Texto, texto y más texto!** A veces, una imagen vale más que mil palabras. Además, alternar entre texto e imagen imprimirá dinamismo a tu contenido. Ten en cuenta todas las posibilidades que están a tu alcance (esquemas, croquis, tablas, etc.), sobre todo para la redacción de síntesis y de informes de reuniones que sean más largos.

Trabajar el estilo

En el escrito, la forma es tan importante como el fondo. Los siguientes consejos te ayudarán a trabajar y mejorar tu estilo:

- **lee tu texto en voz alta.** Incluso si, *a priori,* tu documento no está destinado a ser leído, este ejercicio te ayudará a fijarte en el ritmo de tu texto y en tu estilo de redacción, y a mejorarlo si es necesario. Un ritmo variado, unas palabras certeras o una puntuación adaptada son elementos que harán de la lectura algo agradable y que retendrán la atención de tu receptor;
- **recurre al diccionario tan a menudo como sea po-**

sible. La comunicación escrita presenta restricciones por la ausencia de contacto directo con el lector. Por lo tanto, las palabras son el único soporte del mensaje y hay que medir su importancia para llegar a expresar el pensamiento. Para encontrar la palabra precisa, hay que utilizar el diccionario. En efecto, esta herramienta no solo es útil para la relectura ortográfica. Si tomas la costumbre de comprobar el sentido de las palabras empleadas y de buscar sinónimos, perfeccionaras tu vocabulario y encontrarás las palabras adecuadas para cada situación;

- **sé conciso.** Da preferencia a la calidad por encima de la cantidad. A veces queremos decir demasiadas cosas, pero a menudo las frases largas sobrecargan el texto y entorpecen la atención del lector. Selecciona la información esencial, formula frases cortas y busca las palabras justas;
- **practica**. Algunos tienen más facilidad que otros, pero se suele decir que «la práctica hace al maestro» y, por tanto, escribiendo nos convertimos en mejores redactores. Al contrario de lo que se piensa, el estilo no es innato; se adquiere a través del trabajo y del entrenamiento.

UNA MIRADA EXTERNA

Para mejorar la calidad de tus escritos, la opinión de tus lectores resulta tener un valor incalculable. Si tienes la posibilidad, pídeles que te cuenten su opinión. ¿Tu información es clara y suficiente? ¿Es difícil leer tu texto o es de lectura agradable? Si te mantienes abierto a la crítica, progresarás indudablemente más rápido.

Ciertos soportes profesionales se emplean con más frecuencia que otros. Si sigues nuestros consejos, la redacción de nuestros documentos dejará de tener secretos para ti rápidamente.

El correo electrónico profesional

El correo electrónico es el primer medio de comunicación en las empresas, por lo que es esencial dominar sus códigos de formato:

El objeto de tu correo electrónico Asegúrate de que sea suficientemente claro e impactante para que el destinatario entienda de inmediato de qué trata.	«Cambio de sala para la reunión del 24 de septiembre»
Fórmula de saludo Un «Estimado» o «Estimada» tiene más valor que un simple «Buenos días» informal. Añade el apellido (o el nombre si es alguien cercano) de la persona para crear un vínculo.	«Queridos empleados:»
El contenido • Respeta la estructura introducción/desarrollo/conclusión para que tu lector siga tu pensamiento. • Destaca las ideas clave de tu mensaje (pon la información importante al principio del párrafo, utiliza la cursiva y la negrita, las viñetas, etc.). • Ten cuidado con la extensión de tu correo electrónico: cuanto más largo sea, menos información se retendrá. • Relee tu texto para comprobar el contenido y corregir las faltas.	«La reunión del 24 de septiembre ya no se llevará a cabo en la sala Naranja. Os esperamos a todos a las 10 h en la sala Violeta, junto a la cafetería».
La conclusión • Termina tu correo electrónico con una fórmula de cortesía ni demasiado familiar, ni demasiado formal. Opta por un «Atentamente» o un «Saludos cordiales» si no conoces apenas a tu destinatario. • Para acabar, firma: la firma transmite toda la información necesaria para que tu interlocutor te identifique y te vuelva a contactar si lo necesita (correo electrónico, teléfono, función dentro de la empresa, etc.).	«Que tengan un buen día. Atentamente,» «Hélène Lefas Directora administrativa Empresa Vent d'Hiver Correo electrónico: helene.lefas@ventdhiver.com Teléfono: +32 250.86.78.36»

La carta comercial

La carta comercial sirve para transmitir mensajes a los socios de la empresa o a los clientes. Su objetivo es convencer, pero también informar. Transmite la imagen de la sociedad, por lo que tienes que mostrarte riguroso cuando la redactas para que tu destinatario no salga huyendo. Da prioridad a un estilo neutro que indicará la seriedad y la eficacia de la empresa. En términos generales, la carta comercial tiene el siguiente formato:

El encabezado	*Tu nombre y tu apellido* *Tu dirección* *Código postal y ciudad* *Teléfono y correo electrónico* Ciudad, fecha del día Objeto: el objeto debe estar claro y enganchar al lector. Estimado/a, *(en función de tu destinatario)*
La introducción	*Párrafo 1: en una o dos frases, explica por qué escribes esta carta.*
El desarrollo	*Párrafo 2: en esta parte, profundiza tus argumentos con el objetivo de convencer al cliente o al socio.* *Párrafo 3: resume las decisiones y tus expectativas.*
La fórmula de cortesía	Cordialmente le saluda,
Tu firma	H.L.

El informe

El informe es un documento redactado tras una reunión. Persigue dos objetivos:

- resumir conversaciones y guardar una huella fiel y fiable de las conclusiones de la reunión;
- registrar las decisiones y las acciones resultantes.

Los siguientes consejos te ayudarán a optimizar tu redacción:

Contenido	• La fecha, la hora y el lugar del encuentro • El nombre de los participantes y de los ausentes • Los distintos temas y las cuestiones tratadas • La opinión expresada sobre cada punto • Las decisiones tomadas y las acciones que se deben llevar a cabo • La cifra de empleados encargados de su ejecución • La fecha, la hora, el lugar y los temas que se tratarán en la próxima reunión • La firma del presidente de la reunión
Estilo de redacción	• El objetivo de un informe es transcribir con la mayor fidelidad posible las ideas que se han emitido durante el encuentro: por lo tanto, empieza por tomar muchas notas durante este último para que tu trabajo de redacción sea más fácil • Haz la síntesis de lo que se ha formulado, es inútil transmitir todos los detalles • Redacta de manera objetiva y emplea el presente de indicativo • Para acabar, puedes organizar tu plan de manera cronológica o temática

El memorándum y la nota informativa

El memorándum (redactado por el superior, destinado a sus empleados) o la nota informativa se emplean para transmitir un mensaje breve de manera oficial dentro de la empresa. Incluye los siguientes datos:

- **el/los destinatario/s,** es decir, la o las personas a las que envías el texto;
- **el expedidor,** es decir la persona que redacta la nota y transmite la información;
- **la fecha**. Escríbela sin mayúsculas ni comas, y con el año entero. También puedes añadir la mención del día de la semana;
- **el objeto**. Tal y como ocurre con el correo electrónico, debe ser contundente y claro para que los destinatarios lo entiendan;
- **el contenido**. Los memorándums o las notas informativas nunca se inician con un «Buenos días» o un «Queridos empleados»: ve directo al grano. Sé conciso, tu nota debe tratar únicamente acerca de la información en cuestión;
- **la conclusión**. Termina con una fórmula de cortesía;
- **la firma**. Si ya has especificado el nombre del expedidor al principio, puedes poner únicamente tu rúbrica al final de la nota.

MEMORÁNDUM

Destinatarios: todos los miembros del personal

Expedidora: Hélène Lefas, directora administrativa

Fecha: martes 1 de agosto de 2015

<u>Objeto</u>: cambio del código de entrada de las oficinas

Tras unos problemas de seguridad, nos hemos visto obligados a modificar el código de acceso a la oficina. El nuevo código será efectivo el lunes 7 de agosto de 2015.

Se ha enviado un correo electrónico a todo el personal con el nuevo código. Estén atentos a su bandeja de entrada.

Les agradezco su comprensión.

H.L.

LOS MEJORES CONSEJOS

- **Ten en cuenta a tu lector:** para que tu texto sea leído, debe suscitar el interés de tu lector. Cuando redactes y releas tu escrito, ponte en la piel de tu destinatario. Ten cuidado también con el tono que empleas: por ejemplo, si redactas un correo electrónico para tu superior o para un cliente, evita el lenguaje familiar.
- **Ve a lo esencial:** es inútil elaborar un informe de diez páginas si la información principal cabe en tres. Cuanto más recargues con detalles tu documento, más lectores se verán desbordados por los datos y menos retendrán. Cuando te encuentres en el proceso de relectura, no dudes en suprimir párrafos, frases o palabras que no aporten información complementaria o que te parezcan superfluos.
- **Añade ejemplos:** una información solo teórica es a menudo hermética y difícil de asimilar. Los ejemplos convertirán tus ideas en algo concreto y los lectores visualizarán mejor a qué haces alusión.
- **Escribe frases cortas:** aléjate del estilo de Marcel Proust (escritor francés, 1871-1922), famoso por sus frases interminables; una escritura eficaz pasa por frases cortas. Durante la relectura, cuando consideres que se puede entender a la perfección una frase demasiado larga, divídela en varias y destaca las ideas más importantes.
- **Evita las palabras comodín:** prohíbe los verbos «ser», «tener» y «hacer», que impiden matizar tus ideas. Por ejemplo, da prioridad a «parecer» en vez de «ser»; «poseer» o «guardar» en lugar de «tener»; «cocinar» o

«cocer a fuego lento» en vez de «preparar». Siguiendo esta misma línea de pensamiento, se debe prohibir la palabra «cosa».

- **Tómate tu tiempo:** la ventaja de la comunicación escrita es que dispones del tiempo necesario para pensar en la forma que quieres darle a tu mensaje. Utilízalo de manera adecuada siendo lo más preciso posible.
- **Evita las repeticiones:** si bien es cierto que repetir la información principal es esencial para que tu lector la detecte y la retenga, las repeticiones excesivas de una misma palabra o de una misma locución deben prohibirse. Al contrario de lo que ocurre en el lenguaje oral, donde a menudo tendemos a emplear las mismas conexiones («ves, y así, y entonces», etc.), el escrito invita a usar una mayor variedad de recursos lingüísticos para no cansar al lector.
- **Utiliza la voz activa:** la voz pasiva no solo recarga las frases, sino que da la impresión de que el sujeto sufre la acción en vez de actuar. Escribe «te hemos elegido como diseñador de un nuevo programa» en vez de «has sido nombrado diseñador de un nuevo programa» para recalcar la acción llevada a cabo y también destacar al receptor del mensaje.
- **Escribe en presente:** como muchos escritos emplean el pasado como tiempo narrativo, nos parece que tenemos que someternos a esta regla. Sin embargo, en términos de comunicación, una información contada en presente tiene mucho más impacto en el lector, puesto que se presenta como un hecho actual y demostrado.
- **Resalta los conectores lógicos:** si sitúas conectores lógicos al principio de los párrafos y de las frases, como

«puesto que», «sin embargo» o «así», estás recalcando implícitamente la estructura de tu narración y marcas la conexión que hay entre tus ideas.

- **Da prioridad a las frases afirmativas:** el lector retiene más fácilmente la información que contienen. Por ejemplo, escribe «ordene los informes al final de la reunión» en lugar de «no olvide ordenar los informes al final de la reunión».

PREGUNTAS FRECUENTES

¿CÓMO LUCHAR CONTRA LA ANGUSTIA DE LA PÁGINA EN BLANCO?

Dispones de todos los elementos para lanzarte a la redacción propiamente dicha: el tema está decidido y las búsquedas de documentación necesarias han terminado. Por fin estás preparado para empezar a escribir y, sin embargo, cuando te encuentras ante la página de tratamiento de texto, no eres capaz de escribir nada. Pasan los minutos y se intensifican la frustración, la ansiedad, el sentimiento de impotencia y a veces incluso la culpabilidad. Para comprender este fenómeno, vamos a intentar analizar las causas. Véronique Mimeault (psicóloga canadiense) nos habla de cuatro razones:

- **el miedo al fracaso.** Muchos asocian su rendimiento profesional a sus valores personales. Llegamos a pensar que, para existir, hay que tener éxito profesional, y que si fracasamos en la realización de una tarea que se nos ha asignado, hay que replanteárselo todo. En este contexto, la presión es grande cuando se trata de ponerse manos a la obra. Si ponemos en juego toda nuestra vida en cada redacción, no es de extrañar que estemos intranquilos cuando debemos escribirlas. Por lo tanto, relativiza y relájate, puesto que este ejercicio no debe ser ansiogénico. Intenta verlo más como un juego;
- **el síndrome del impostor.** La elaboración de un trabajo escrito —paso obligado para estudiantes y jóvenes trabajadores que se encuentran al inicio de su carrera—

destinado a profesores o superiores puede percibirse como una ocasión potencial para revelar nuestra incompetencia. Con un nudo en el estómago, tememos ser desenmascarados. De esta manera, tirarse de cabeza les parece casi imposible;

- **el perfeccionismo.** Si nos fijamos objetivos que no son realistas y pretendemos redactar un texto perfecto ya desde la primera palabra, corremos el riesgo de que este perfeccionismo mantenga nuestra hoja en blanco, en vez de ayudarnos a trabajar. Por lo tanto, debemos ser conscientes de que un trabajo nunca es perfecto a la primera. Acepta que vas a cometer errores: de todas formas, podrás rectificarlos en una segunda lectura;
- **la autocensura.** «Se espera demasiado de mi trabajo», «a mi mánager esto no le va a gustar», etc. Anticipar negativamente las opiniones y las reacciones de los lectores antes incluso de empezar a escribir es la mejor forma de no encontrar las palabras y de bloquearse. Sé menos duro contigo mismo y date una oportunidad.

El miedo de no lograr hacer el trabajo, de obtener una mala nota, de darse cuenta de que el texto jamás será perfecto o de la crítica de iguales o superiores no lleva a ninguna parte. En vez de anticipar los acontecimientos, empieza por confiar en ti y cree en tus capacidades.

¿QUÉ TIPO DE ESCRITOS ENCONTRAMOS EN EL MUNDO DE LA EMPRESA?

En el mundo profesional, es necesario distinguir entre comunicación interna y comunicación externa. Efectivamente, no escogerás el mismo soporte para una u otra. La siguiente tabla retoma los escritos profesionales que vas a poder encontrar en cada comunicación:

Comunicación interna	Comunicación externa
• Correo electrónico • Memorándum, nota informativa • Informe de reunión y otros informes • Síntesis • Boletín de empresa • Etc.	• Correo electrónico • Folleto, prospecto • Comunicado de prensa • Carta comercial • Boletín informativo • Etc.

¿CÓMO DEFINIR EL OBJETIVO DE MI TEXTO?

Todo documento profesional tiene como objetivo la transmisión de un mensaje. Para alcanzar este objetivo, tienes que concebir de manera clara la idea que quieres comunicar y sus modalidades. A partir de ahí, hazte las siguientes preguntas:

- ¿Qué información tengo que transmitir?
- ¿A quién?
- ¿Por qué?

Las respuestas te ayudarán a definir si se trata de un texto informativo, argumentativo o de otro tipo. Solo después podrás optar por un soporte apropiado. En ambos casos, resume la finalidad de tu texto con un título indicativo o llamativo: tu lector entenderá enseguida qué tipo de comunicación tiene entre las manos y qué beneficios obtendrá.

¿CÓMO ASEGURARME DE QUE MI DOCUMENTO CONTIENE TODA LA INFORMACIÓN NECESARIA?

Para asegurarte de que no omites ninguna información capital, ayúdate con esta serie de preguntas:

- ¿Qué?
- ¿Quién?
- ¿Cuándo?
- ¿Cómo?
- ¿Dónde?
- ¿Por qué?

¿Has respondido a todas estas preguntas?

¿CÓMO FORMULAR UN ARGUMENTO?

PEQUEÑO LÉXICO

- Opinión: juicio personal.
- Hecho: dato demostrado, real.
- Argumento: opinión que se basa en un hecho. Su objetivo es convencer, que el lector adopte nuestra opinión personal.

Para convencer a tu lector, tienes que probar lo que presentas y construir tu texto como una auténtica demostración. Los elementos que servirán para certificar la veracidad de lo que dices pueden tener distintos orígenes.

¿Hay que prohibir las corridas de toros?

Tipos de argumentos	Ejemplos
La definición	«Por supuesto que hay que prohibir las corridas de toros. ¿Cómo se pueden permitir espectáculos donde se mata a un animal?»
La comparación	«¿Es mejor vivir en una granja industrial y acabar en el matadero que vivir dignamente, al aire libre y morir en una plaza?» «El problema en estos debates sobre las corridas de toros es que la mayoría de los que se oponen a ellas no saben en qué consisten, puesto que no van a verlas y solo se basan en vídeos e imágenes sangrientas. Es exactamente como si tomase fotos de niños que lloran en un patio de colegio y dijera: "¡mira lo cruel que es la escuela!"»
La relación causa-efecto	«Prohibir las corridas de toros sería un error, puesto que, si desaparecen, la raza de los toros de lidia se extinguiría con ellas»
La cita de un experto o de un documento que es una autoridad en la materia	«Incluso el Código Penal reconoce que la violencia contra los animales es un acto de crueldad»

Fuente: «Faut-il interdire la corrida?», emitido en la cadena de televisión francesa BMF

Si te basas en un elemento concreto, lograrás que tu opinión personal quede representada de una manera más objetiva y legítima. Por ejemplo, si deseas que se tengan en cuenta las horas suplementarias de tus prácticas en el marco de tu formación, recuerda a tus interlocutores que iniciarse en un oficio sin haber tenido suficiente experiencia sobre el terreno es como aprender a nadar sobre un taburete (argumento comparativo). O si quieres que se organice un espacio de relajación para tu equipo en tu lugar de trabajo, básate en estudios que demuestran la pertinencia y los beneficios de esta práctica (argumento de autoridad).

¿CÓMO DESTACAR LAS IDEAS CLAVE DE MI TEXTO?

- Redactando un título claro y conciso que expone el tema principal de tu documento y sus retos.
- Organizando tu texto con capítulos y subtítulos que recogen las ideas secundarias que se presentan en el texto.
- Introduciendo cada dato clave al inicio de cada párrafo.
- Utilizando distintos tipos de fuente para resaltar las palabras clave (negrita, cursiva, subrayado, etc.).
- Repitiendo la información principal en una lista con viñetas al principio o al final del documento.

¿CÓMO Y POR QUÉ SER CONCISO EN MI REDACCIÓN?

Poder expresarse y ser entendido con pocas palabras es todo un arte. Para trabajar la concisión del texto, aquí te detallamos algunas reglas:

- **suprime los pasajes superfluos.** Evita añadir información que no tiene relación directa con tu temática principal. Los elementos que no aportan nada a la buena comprensión del mensaje deben ser eliminados;

- **suprime tantos adverbios como sea posible**, puesto que muchos de ellos son, en realidad, ~~completamente~~ inútiles;
- **evita las expresiones que no aportan nada a la claridad del mensaje.** Por ejemplo, «~~No hace falta decir que~~ su presencia en la reunión es indispensable»;
- **juega con la puntuación.** Los dos puntos a veces pueden sustituir a las conjunciones «ya que, puesto que, porque». Así, la frase «el proyecto no ha resultado: no hemos recibido las subvenciones a tiempo» tendrá más impacto en el lector. El punto y coma puede reemplazar una conjunción de oposición en una estructura en espejo, por ejemplo en la frase «El papel de los profesores es el de instruir; el de los alumnos, el de aprender»;
- **trabaja la precisión de las palabras.** Sustituye grupos nominales por una única palabra. Por ejemplo, «estos últimos tiempos» por «recientemente»;
- **reformula las frases demasiado largas.** Divídelas en varias frases cortas. Así, «Para que este programa, que es importante para la empresa, sea un éxito entre nuestros clientes informáticos, hay que adaptarlo a las necesidades del profesional» se convertirá en «Este programa es importante para la empresa. Para que sea un éxito entre nuestros clientes informáticos, debemos adaptarlo a las necesidades del profesional».

¿QUÉ HERRAMIENTAS DE REFERENCIA UTILIZAR PARA MI REDACCIÓN?

- Un diccionario de lengua española (por ejemplo, el diccionario de la Real Academia de la Lengua Española) para

consultar las definiciones precisas de cada término.
- Un libro de conjugación y de gramática.
- Eventualmente, un diccionario de sinónimos.

¿CÓMO RELEER DE MANERA EFICAZ MI DOCUMENTO?

Mediante la autocorrección

- Si te lo permiten los plazos, deja un lapso de tiempo entre la escritura y la relectura. Cuando vuelvas a trabajar tu documento al día siguiente o dos días después, con tranquilidad y con distancia, te darás cuenta más fácilmente de las imperfecciones y de los errores cometidos.
- Tras una primera relectura en tu ordenador, imprime el documento para releerlo en papel. Aunque esta técnica pueda parecer arcaica en la era de la informática, cambiar de soporte te ayudará a concentrarte y a concebir de manera diferente tu texto.
- Para una comprobación homogénea y eficaz, divide tu relectura, puesto que corres el riesgo de bloquearte en ciertos pasajes contenidos en el cuerpo del texto.
- Lleva a cabo tres relecturas:
  - la primera, para comprobar el fondo y la exactitud de la información:
  - la segunda, para asegurarte de la coherencia global y de la estructura del texto;
  - la última, para efectuar la corrección ortográfica y gramatical.

Pidiéndoselo a una tercera persona

Es la solución ideal si puedes llevarla a cabo o si alguien de tu entorno está dispuesto a ayudarte. Puedes dirigirte a tres tipos de lectores:

- **el relector inocente**, que no sabe nada acerca del tema tratado y sirve de alguna manera como «lector tipo». Te indicará si los datos expuestos están lo suficientemente explicados como para que una persona común los pueda entender;
- **el relector experto**, que domina el tema y que te ayudará a comprobar la exactitud de los datos presentados;
- **el relector «bueno con el español»,** que llevará a cabo la última comprobación ortográfica y gramatical de tu texto.

¡AHORA ES TU TURNO!

LISTA DE PUNTOS PARA UNA BUENA REDACCIÓN

Para proceder a una autoevaluación, responde a las siguientes preguntas:

Introducción

¿He alcanzado los objetivos de mi introducción?

- ¿He formulado una frase gancho que permita contextualizar el tema de mi texto?
- ¿He anunciado brevemente el plan del texto y la manera en la que los elementos están ordenados?

¿He respetado las normas de la introducción?

- ¿Parto de la base de que el lector desconoce todo acerca de mi tema?
- ¿La introducción es lo suficientemente corta (lo ideal es que no supere los 1/7 del texto)?

Desarrollo

- ¿La estructura de mi texto está clara?
- ¿He cortado el texto en párrafos coherentes (un párrafo = una idea)?

Conclusión

¿He terminado mi documento recalcando las ideas principales?

COMPENDIO QUE DEBES GUARDAR AL ALCANCE DE LA MANO

Practica y redacta frases ayudándote de los siguientes conectores:

Algunos conectores lógicos

Enumerar elementos	En primer lugar, en segundo lugar, etc. Primero, segundo, etc. Ante todo, después, para acabar, etc. Por una parte, por otra parte, etc.
Añadir ideas	A continuación, además, todavía, de hecho, por añadidura, etc.
Marcar una oposición o una concesión	Si bien, aunque, sin embargo, no obstante, aun con todo, por el contrario, a pesar de, etc.
Marcar un vínculo de causa	Porque, dado que, con el pretexto de, etc.
Indicar una consecuencia	De tal manera que, de manera que, así, por consiguiente, etc.
Resumir, concluir un conjunto de afirmaciones	En conclusión, para resumir, en definitiva, etc.

EJERCICIOS DE REFORMULACIÓN

No hay nada mejor que un poco de práctica para mejorar. Reformula las siguientes frases para que resulten agradables y comprensibles durante su lectura. No olvides que el lector debe identificar de manera clara el sujeto de cada verbo y la idea que quieres transmitir.

- «Si no quiere que su bebé caiga enfermo, debe mantener limpio su biberón; cuando haya bebido, desenrósquelo y póngalo en el esterilizador».
- «A pesar de los desacuerdos previos de los diferentes participantes, al final de la negociación hemos logrado establecer un reglamento que recogen los puntos esenciales, marcados tanto por la asociación de padres como por los miembros de la dirección, y que se instaurará a partir del inicio del próximo curso académico».
- «Me he reunido con el socio del señor Dubois, que estaba a punto de enviar un correo electrónico al departamento de dirección contándole el comportamiento, para él, deplorable, que habría tenido el profesor de matemáticas con su hijo, y me ha dicho que no quería volver a verlo».
- «Se dice que la víctima murió en torno a las 18 h».
- «El inspector estaba investigando la muerte del presidente corrupto cuando el cuerpo de este desapareció bajo el suelo: estaba podrido».
- «El doctor: ¿Así que me tomas por un hombre que se mueve por dinero, por un hombre atado al interés, por un alma mercenaria? Has de saber, amigo mío, que si me dieras una bolsa llena de doblones, que si esa bolsa estuviera en una rica caja, esa caja en un estuche precioso, ese estuche en un cofre admirable, ese cofre en un escritorio singular, ese escritorio en una habitación magnífica, esa habitación en un apartamento agradable, ese apartamento en un castillo pomposo, ese castillo

en una ciudadela incomparable, esa ciudadela en una célebre ciudad, esa ciudad en una isla fértil, esa isla en una provincia opulenta, esa provincia en una monarquía próspera, esa monarquía en todo el mundo; y que si me dieras el mundo donde estuviera esa próspera monarquía, donde estuviera esa provincia opulenta, donde estuviera esa isla fértil, donde estuviera esa célebre ciudad, donde estuviera esa ciudadela incomparable, donde estuviera ese castillo pomposo, donde estuviera ese piso agradable, donde estuviera esa magnífica habitación, donde estuviera ese escritorio singular, donde estuviera ese cofre admirable, donde estuviera ese estuche precioso, donde estaría esa rica caja en la que estaría encerrada esa bolsa llena de doblones, que me preocuparía tan poco de tu dinero y de ti como de esto»[1] (Molière, *Los celos del Barbouillé,* acto I, escena 2).

---

1. Cita traducida por 50Minutos.es

¡Tu opinión nos interesa!
¡Deja un comentario en la página web de tu librería en línea,
y comparte tus favoritos en las redes sociales!

PARA IR MÁS ALLÁ

FUENTES BIBLIOGRÁFICAS

- Bourget, M.-J. La note et la note de service. Modèles". *Visez juste en français.* Consultado el 27 de octubre de 2016. http://www.visezjuste.uottawa.ca/pages/ redaction/ note_de_service_modele.html
- Colson, Jacques. 1987. *Le dissertoire. De l'art de raisonner et de rédiger.* Bruselas: De Boeck.
- "Faut-il interdire la corrida?", vídeo en Youtube, publicado por *GrisouTV*, 20 de septiembre de 2015, https://www.youtube.com/ watch?v=HChfbT3aGQ4
- Girard, Benoit. 1997. *La communication écrite dans l'entreprise.* Bruselas: De Boeck.
- Griselein, Madeleine, Chantal Carpentier, Joëlle Maïllarde y Serge Ormaux. 1992. *Guide de la communication écrite.* París: Dunod.
- Bien écrire, "La lettre commerciale". Consultado el 27 de octubre de 2015. http://www. bienecrire.org/ lettre-commerciale.php
- Maccio, Charles. 1992. *Savoir écrire un livre... un rapport... un mémoire. De la pensée à l'écriture.* Lyon: Chronique sociale, colección *L'essentiel.*
- Meunier, Jean-Pierre y Daniel Peraya. 1993. *Introduction aux théories de la communication.* Bruselas: De Boeck.
- Mimeault, Véronique. "L'étape de la rédaction. Surmonter le phénomène de la page blanche". *Centre d'aide aux étudiants de l'université de Laval.* Consultado el 27 de octubre de 2016. https://www.aide.ulaval.ca/ cms/Accueil/Apprentissage_et_Reussite /2e_3e_cycles/

<u>Page_blanche</u>

- Niquet, Gilberte. 1983. *Écrire avec logique et clarté.* París: Hatier, colección *Profil formation français.*
- Oury, Pascaline. 1990. *Rédiger pour être lu. Les secrets de la communication écrite efficace.* Bruselas: De Boeck.
- Peyroutet, Claude. 2005. *La pratique de l'expression écrite.* París: Nathan,colección *Repères pratiques.*
- Peyroutet, Claude. 2002. *Style et rhétorique.* París: Nathan, colección *Repères pratiques.*
- Richaudeau, François. 1984. *Le langage efficace.* París: Retz.

FUENTES COMPLEMENTARIAS

- Travaux publics et services gouvernementaux Canada. "La langue claire et simple". Consultado el 27 de octubre de 2016. <u>http://www.btb.termiumplus.gc.ca/ redac-chap?lang=fra&lettr=chapsect10&info0=10</u>
- Vallée, Catherine. "Les règles générales de la communication écrite". *École supérieure de l'éducation nationale.* Consultado el 27 de octubre de 2016. <u>http:// www.esen.education. fr/fileadmin/user_upload/ Modules/Ressources/Outils/communication_inspecteur/ vallee_c_regles_comm_ecrite_2.pdf</u>

en50MINUTOS.es